# Inhalt

**Kunststoffe - Aufsteiger, Absteiger, Umsteiger**

# Kunststoffe - Aufsteiger, Absteiger, Umsteiger

*A.Schneider*

## Kernthesen

- Die deutsche Kunststoffindustrie gilt als Kunststoffhochburg in Europa.
- Nach ihrem schweren Einbruch im Jahr 2009 läuft sie nun wieder auf Erholungskurs.
- Polyethylen und Polypropylen haben sich zu den meistverkauften Massen-Kunststoffen entwickelt.
- Produktion und Verbrauch werden weiter getrieben vom Mittleren Osten und China.

## Beitrag

## Deutsche Kunststoffindustrie erholt sich

Weltweit werden rund 230 Millionen Tonnen Kunststoff produziert (Stand 2009). Bis 2015 sollen es 330 Millionen Tonnen sein, diese Angaben macht die PlasticsEurope Market Research Group. Zu den bekannten Global Playern in der Kunststofferzeugung zählen BASF, Bayer, Lyondell-Basell, Dow Chemical, DSM, DuPont, Solvay.

Deutschland erreichte mit 17 Millionen Tonnen einen Anteil von etwa 7,5 Prozent am weltweiten Kunststoffausstoß. Innerhalb Europas gilt Deutschland als Kunststoffhochburg bei Produktion, Umsatz, Investitionen und Forschungs- und Entwicklungsaktivitäten. In Europa werden rund 55 Millionen Tonnen Kunststoff hergestellt. Die deutschen Kunststoffunternehmen zeichnen sich vor allem durch innovative Kunststoffe und Spezialitäten aus. Sie werden in über vierzig Chemie- und Kunststoffclustern und etwa 28 auf Polymer-Produktion und -Weiterverarbeitung spezialisierten Chemieparks entwickelt und hergestellt. (1)

Die deutsche Kunststoffproduktion erlitt 2009 einen schweren Einbruch und verbuchte ein kräftiges Minus in allen Indikatoren. Wichtige Abnehmerbranchen wie die Elektro- und die Automobilhersteller nahmen deutlich weniger Kunststoff ab, auch andere Industriesparten waren rückläufig. Nur die Baubranche hielt sich bei der Stange. Die Produktion schrumpfte um 15 Prozent, der Umsatz im In- und Ausland um deutlich über zwanzig Prozent und die Außenhandelsbilanz war enttäuschend. Insgesamt realisierten die 3 775 Unternehmen der deutschen Kunststoffbranche (Herstellung, Verarbeitung und Kunststoff-/Gummimaschinenbau) mit ihren gut 380 000 Mitarbeitern einen Jahresumsatz von knapp 72 Milliarden Euro. [Abb. 1]

Doch mittlerweile ist die Branche wieder auf Wachstumskurs. Vor allem das zweite Halbjahr 2010 lief für viele überraschend gut. Die Auftragsbücher füllten sich wieder. Produktion und Beschäftigung zogen an, die Investitionslaune kehrte zurück. Eine aktuelle Umfrage des Branchendienstes KI - Kunststoff Information, bei der 311 Unternehmen befragt wurden, fiel besser aus als erhofft:
Ein Drittel der Unternehmen sieht sich bereits auf einem höheren Geschäftsniveau als vor der Krise, 20 Prozent haben das Vorkrisenniveau wieder erreicht, weitere 20 Prozent rechnen damit im laufenden Jahr. Für die restlichen 25 Prozent ist eine solche Erholung frühestens 2012 oder derzeit noch gar nicht absehbar. Die Erwartungen für das erste Halbjahr 2011 fielen gemischt aus: 45 Prozent der befragten Unternehmen rechnen mit einer Verbesserung der Geschäftslage, 49 Prozent erwarten keine Veränderung, und sechs Prozent gehen von einer Verschlechterung aus. (2), [Abb. 2]

Konkrete Jahresergebnisse für 2010 wird der Verband Plastics Europe Deutschland e.V. auf seiner Jahrespressekonferenz im Mai präsentieren.

## Aufsteiger der Kunststoffbranche

### Ultramid von BASF hält das größte Dach der Welt

Bis in die sechziger Jahre hinein hatte Abu Dhabi teilweise nicht mal Strom und Kanalisation, dann wurde Erdöl gefunden. Seither legt die Inselstadt in den Vereinigten Arabischen Emiraten einen rasanten Aufstieg hin und zählt heute zu den modernsten Städten der Welt. Da dürfen imposante Prestigebauten nicht fehlen. Ein Neuer ist jetzt der erste Ferrari-World-Themenpark der Welt. Eröffnet wurde er im November 2010. Als größte Attraktion gilt die schnellste Achterbahn der Welt Formula Rossa. Doch Kunststofffans dürften nicht weniger beeindruckt sein von der Dachkonstruktion: das größte zusammenhängende Dach der Welt, so groß wie vierzig Fußballfelder, silber-rot, bestehend aus während der Montage gefalzten Aluminiumpaneelen der Firma Interfalz aus Oranienburg. Zu merken: Die gewaltige Konstruktion wird mit Halterungen fixiert Made in Germany: Die Kunststoffhalter bestehen aus dem hochsteifen Ultramid A3WG10, einem glasfaserverstärkten Polyamid 66, das der deutsche

Chemiekonzern BASF SE, Ludwigshafen, liefert. (3)

## Massenschlager mit Zukunft: Polyethylen und Propylen

Als meistverkaufte Kunststoffe haben sich Polyethylen und Polypropylen etabliert. Sie werden in Massenproduktion gefertigt. Marktbeobachter erwarten einen weiteren Ausbau der Kapazitäten vor allem im Mittleren Osten und in China.

Polyethylen wird zur Herstellung von Flaschen, Getränkekästen, Fässern, Batteriegehäusen, Eimern, Schüsseln, Verpackungsfolien für Zigarettenpackungen, CDs, Bücher, Tempos und Tragetaschen und vielem mehr verwendet. Bei der Ethylen-Nachfrage und Produktion läuft ein Boom im Mittleren Osten. Die Volumen in dieser Region haben sich in den vergangenen acht Jahren verdoppelt. Das Marktforschungsinstitut Ceresana Reserch aus Konstanz rechnet bis zum Jahr 2015 mit einer weiteren Verdoppelung. Bis zum Jahr 2017 werden dort zwanzig Millionen Tonnen Ethylen-Kapazitäten hinzukommen. China ist der größte Nachfragetreiber und wird bald der weltgrößte Ethylen-Verbraucher sein, gefolgt von den USA und Saudi-Arabien. (4)

Polypropylen wird beispielsweise beim Bau von Autos (z. B. Luftfiltergehäuse, Spoiler, Scheinwerfergehäuse, Sitzbezüge, Gaspedale), Verpackungsfolien, medizinischen Geräten, Flaschendeckel,

Verschlüssen, Gartenmöbeln, Kunstrasen, Möbelscharnieren, Schiffstauen, Brillenetuis, Koffer, Schulranzen, Fahrradhelmen, Klodeckeln und Windeln gebraucht. Eines der wichtigsten Ausgangsprodukte in der Produktion ist Propylen. Dessen weltweite Nachfrage wird bis zum Jahr 2017 um mehr als zwanzig Millionen Tonnen anwachsen, der Umsatz bis 2012 wieder auf über 90 Milliarden US-Dollar ansteigen. Dies erwartet eine neue Studie von Ceresana Research vom Januar 2011. Im Mittleren Osten und in China werden die Kapazitäten für Propylen und nachgelagerte Produkte massiv erweitert. In den Ländern des Mittleren Ostens werden sich Produktion und Verbrauch bis zum Jahr 2014 verdoppeln, so die Marktforscher. China entwickelt sich zum weltgrößten Verbraucher und wird voraussichtlich noch in diesem Jahr die USA in dieser Position ablösen. Zu den großen Herstellern zählen die deutsche BASF SE, China National Petroleum Corp. (CNPC), Eni SpA, Enterprise Products Partners L.P., Exxon Mobil Corp., Formosa Plastics Group (FPG), Ineos Group Ltd., LyondellBasell Industries AF S.C.A., Reliance Industries Ltd., Royal Dutch Shell PLC, Saudi Basic Industries Corp. (SABIC), Sinopec Corp., The Dow Chemical Company, Total S.A., Valero Energy Corp. (5), (6)

## Elastomere Werkstoffe setzen sich in Szene

Auf der Kunststoffmesse K2010 vom Herbst vergangenen Jahres fielen unter anderem die elastomeren Werkstoffe ins Auge. Hier präsentierten die Hersteller interessante Weiterentwicklungen und vielversprechende Innovationen. Hersteller Zeon will sich beispielsweise mit seinem Elastomer Hydrin die Offshore-Windkraftanlagen als neuen Anwendungsbereich neben der Automobilindustrie erschließen. Lanxess zeigte Partyballons mit einer Hülle aus leichten, transluzenten Elastomer-Membranen, die für eine stimmungsvolle Beleuchtung sorgen. Andere Produktentwicklungen machten durch seidigen Griff oder frischen Duft auf sich aufmerksam. (7)

## Absteiger: Phthalat-Weichmacher und Bisphenol A

Out sind Chemikalien in Spielzeug und Babyartikeln. Auf dem absteigenden Ast sind die Phthalat-Weichmacher, die als besonders gefährlich eingestuft wurden. Seit 2005 ist die Verwendung von sechs Phthalaten (darunter DEHP, DBP und BBP) gesetzlich EU-weit verboten. Und allmählich haben die Hersteller die Ansage verstanden. Ein Test von DEKRA im Vorfeld der Spielwarenmesse in Nürnberg ergab, dass sich in Spielwaren immer weniger verbotene Weichmacher befinden. (8)

Auch bei Babyfläschchen schieben die Gesetzgeber einer Chemikalie jetzt einen Riegel vor: Ab März 2011 dürfen sie auf Geheiß des Bundesministeriums für Ernährung, Landwirtschaft und Verbraucherschutz in Deutschland kein Bisphenol A mehr enthalten. Bisphenol A ist eine chemische Verbindung, die in vielen Kunststoffen vorkommt. Sie steht seit längerem im Verdacht, Fruchtbarkeitsstörungen hervorzurufen. Die US-amerikanische Food and Drug Administration (FDA) schätzte die durch Bisphenol A entstehende gesundheitliche Gefährdung im Januar 2010 höher ein als bisher. In der EU-Chemikalienverordnung REACH ist Bisphenol A bislang nicht als besonders besorgniserregend gelistet. (9)

## Umsteiger: Resomer und Elastomer

Zum Jahreswechsel 2010/2011 wechselten auch einige Kunststoffsparten ihren Besitzer.

Evonik, der Essener Mischkonzern, übernimmt vom Arzneimittelhersteller Boehringer Ingelheim das Geschäft mit Kunststoffen für den medizinischen Gebrauch. Boehringer will sich auf sein pharmazeutisches Kerngeschäft konzentrieren und gibt daher die unter dem Markennamen Resomer vertriebenen Polymere ab, die zur Herstellung von chirurgischen Schrauben gebraucht werden und nach Auskunft der Hersteller im Körper komplett biologisch abbaubar sind. (10)

Lanxess will die Elastomer-Sparte von DSM für 310 Millionen Euro übernehmen und damit sein Kautschuk-Geschäft weiter ausbauen. Die DSM-Sparte produziert so genannten EPDM-Kautschuk, eine spezielle Art von Synthesekautschuk, der unter anderem in der Kabelindustrie und als Kunststoffzusatz eingesetzt wird. (11), (12)

# Fallbeispiele

## Neuheiten von der Messe K2010

DSM Engineering Plastics Europe, Mechelen/Niederlande, bietet mit Arnitel Eco einen thermoplastischen Copolyester (TPC) an, der auf 20 bis 30 Prozent Rapsölderivaten basiert. Einzusetzen ist er beispielsweise im Automobilinnenbereich, bei Sport- und Freizeitartikeln oder bei der Gewinnung alternativer Energien.

Arkema, Colombes/Frankreich, zeigte einen Skistiefel, hergestellt aus thermoplastischem Elastomer auf Basis von Polyamid 11, das zu neunzig Prozent aus Rizinusöl besteht.

Als Ergebnis einer Entwicklungskooperation mit der Takata-PetriAG,Aschaffenburg, stellte DuPont de Nemours (Deutschland) GmbH, Neu-Isenburg, mit seinem neuen, biobasierten Hytrel RS das erste thermoplastische Elastomer seiner Art für Airbag-Anwendungen vor.

Wacker-Chemie hatte einen Hochspannungsisolator im Gepäck, hergestellt aus UV-vernetzendem Silikon - Besonderheit: bei der Vulkanisation werden keine Abspaltprodukte freigesetzt.

Kraiburg entwickelte einen Inhalator mit einer Maske aus dem thermoplastischen Elastomer SEBS, der Spezialserie für medizinische Anwendungen.

Zeon, bietet unter dem Markennamen Hydrin Epichlorhydrin-Elastomere (CO) an. Eingesetzt werden sie bereits in der Automobilindustrie. Doch ihre Bedeutung nimmt mit dem Bau neuer Offshore-Windkraftanlagen weiter zu, "da qualitativ hochwertige Getriebedichtungen in diesem Einsatzbereich verlangt werden. Durch die Verwendung von CO-Elastomeren an Stelle von NBR kann die Lebenserwartung der Turbinendichtungen verdoppelt und ihre Leistung verbessert werden". (7)

# Phthalat-Weichmacher

DEKRA startete eine Testreihe im Vorfeld der

Spielwarenmesse in Nürnberg und ließ für den Test 18 Kunststoff-Spielfiguren im Wert zwischen 1,49 Euro und 9,99 Euro in Discountern, Kaufhäusern, Supermärkten und Fachgeschäften beschaffen. Von 18 Spielfiguren aus Kunststoff fanden sich lediglich in vier Proben noch Spuren von Phthalat-Weichmachern. (8)

# Zahlen & Fakten

Abbildung 1:

Alle Zeichen auf Minus in 2009

| **Kunststoff-Erzeugung im Jahr 2009** | |
|---|---|
| Produktion | 17,0 Mio. Tonnen (-15%) |
| Umsatz | 17,5 Mrd. Euro (-23,2%) |
| im Inland | 6,8 Mrd. Euro (-25,4%) |
| im Ausland | 10,7 Mrd. Euro (-21,7%) |
| Beschäftigte | 45.660 (-3,8%) |
| Außenhandel | |
| Export | 10,9 Mio. t (-16,7%) bzw. 15,4 Mrd. Euro (-23,9%) |
| Exportquote | 64% |
| | |

| | |
|---|---|
| Import | 7,2 Mio. t (-14,2%) bzw. 9,4 Mrd. Euro (-28,1%) |
| Importquote | 42% |
| Saldo | 3,7 Mio. t (-21,2%) bzw. 6,3 Mrd. Euro (-16,7%) |

| **Kunststoffbranche insgesamt** | | | |
|---|---|---|---|
| | Zahl der Unternehmen | Beschäftigte in Tausend | Umsatz in Milliarden Euro |
| Kunststoff-/Gummimaschinen | 851 | 50,4 | 8,5 |
| Kunststoff-Verarbeitung | 2.874 | 285,1 | 45,8 |
| Kunststoff-Erzeugung | rd. 50 | 45,7 | 17,5 |
| GESAMT | 3.775 | 381,2 | 71,8 |

Quelle: PlasticsEurope Deutschland e.V.

Entnommen aus: Kunststofferzeugung in Deutschland 2009: Grafiken zur Wirtschaftspressekonferenz, Mai 2010 (13)

## Abbildung 2: Kunststoffbranche erholt sich

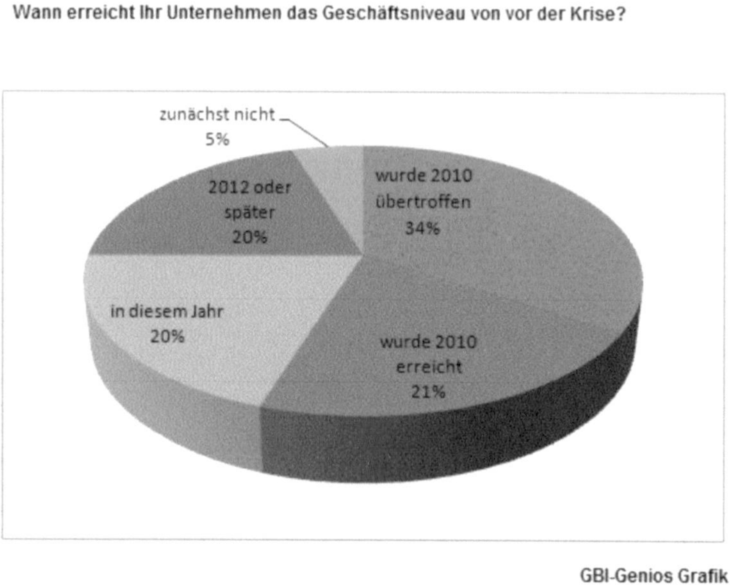


Quelle: KI Dialog

Entnommen aus: Kunststoff Information, chemie.de (2)

# Weiterführende Literatur

(1) Deutschland bleibt Europas Kunststoffhochburg aus werben & verkaufen Nr. 02 vom 13.01.2011, S. 18

(2) Aufschwung der Kunststoffindustrie setzt sich fort

aus werben & verkaufen Nr. 02 vom 13.01.2011, S. 18

(3) Metallglanz in der Wüste – von Kunststoff gehalten
aus Kunststoffe - Werkstoffe, Verarbeitung, Anwendung, Heft 01/2011, S. 71

(4) Marktstudie Ethylen
aus Kunststoffe - Werkstoffe, Verarbeitung, Anwendung, Heft 01/2011, S. 71

(5) Marktstudie Polypropylen
aus Kunststoffe - Werkstoffe, Verarbeitung, Anwendung, Heft 01/2011, S. 71

(6) Der Propylen-Markt erholt sich - neue Studie von Ceresana Research
aus Kunststoffe - Werkstoffe, Verarbeitung, Anwendung, Heft 01/2011, S. 71

(7) Eine Offerte für (fast) alle Sinne
aus Kunststoffe - Werkstoffe, Verarbeitung, Anwendung, Heft 01/2011, S. 72-76

(8) Phthalat-Weichmacher sind auf dem Rückzug. DEKRA testet Spielwaren-Stichproben auf Schadstoffe
aus Kunststoffe - Werkstoffe, Verarbeitung, Anwendung, Heft 01/2011, S. 72-76

(9) Babyflaschen ohne Bisphenol A
aus Frankfurter Allgemeine Zeitung, 12.02.2011, Nr. 36,

S. 12

(10) Evonik übernimmt Kunststoff-Sparte von Boehringer
aus Frankfurter Allgemeine Zeitung, 15.01.2011, Nr. 12, S. 14

(11) Lanxess kauft Plastiksparte von DSM
aus Handelsblatt Nr. 243 vom 15.12.2010 Seite 28

(12) Lanxess Übernahme von DSM Elastomers
aus Kunststoffe - Werkstoffe, Verarbeitung, Anwendung, Heft 01/2011, S. 8

(13) Kunststofferzeugung in Deutschland 2009: Grafiken zur Wirtschaftspressekonferenz im Mai 2010
aus Kunststoffe - Werkstoffe, Verarbeitung, Anwendung, Heft 01/2011, S. 8

# Impressum

## Kunststoffe - Aufsteiger, Absteiger, Umsteiger

**Bibliografische Information der deutschen Nationalbibliothek**

Die Deutsche Nationalbibliothek verzeichnet diese Publikation in der deutschen Nationalbibliografie; detaillierte bibliografische Daten sind im Internet über http://dnb.d-nb.de abrufbar.

ISBN: 978-3-7379-2263-0

oder ähnliche Einrichtungen und die Einspeicherung und Verarbeitung in elektronischen Systemen.